Werner Ehrenforth

Bekannte Sitzbeschwerden

Werner Ehrenforth

Bekannte Sitzbeschwerden

Aphorismen

Eulenspiegel Verlag Berlin

Illustrationen von Lothar Otto

Das Buch »Bekannte Sitzbeschwerden« vereinigt die beiden Bände »Sitzbeschwerden« und »Neue Sitzbeschwerden«. Das Nachwort von Gerhard Branstner stand ursprünglich am Schluß des Bandes »Sitzbeschwerden«.

ISBN 3-359-00236-9

1. Auflage dieser Ausgabe

Lizenz-Nr.: 540/17/88 · LSV 7005
Einband und Vorsatz: Lothar Otto
Printed in the German Democratic Republic
Satz: INTERDRUCK Graphischer Großbetrieb
Leipzig – III/18/97
Druck und buchbinderische Verarbeitung:
LVZ-Druckerei ›Hermann Duncker‹,
Leipzig – III/18/138
620 949 1

00750

Sitzbeschwerden

Einen Aphorismus kann man nicht
erklären, allenfalls einen Roman
darüber schreiben.

Die Vergleiche des Autors
hinkten so sehr, daß die Leser
davon lahm wurden.

Die Nützlichkeit des Radfahrens
war erwiesen,
lange bevor die Schädlichkeit
des Autofahrens festgestellt wurde.

Der Mensch wirbelt mehr
Staub auf, als nötig wäre,
sich seine Sicht zu nehmen.

Wer das Auferstehen gelernt hat,
dem fällt das Sterben nicht schwer.

Von drei Dieben wird einer gehenkt,
zwei sind erfolgreich.

Es gibt Menschen, die Memoiren
schreiben, um nachträglich
ihre Schlachten zu gewinnen.

Wer keine Fehler macht, gerät bald
in den schlechten Ruf der Makellosigkeit.

Frieden ist Kampf ohne Krieg.

Am meisten lernt man vom Christentum,
wenn man nicht an Gott glaubt.

Seine Lüge war so rein,
daß sie durch die Wahrheit nur
beschmutzt worden wäre.

Die Opfer versäumter Revolutionen
sind größer als die vollzogener.

Wer mit zwei Zungen redet,
verbrennt sich die eine nicht.

Als Epigonen des Kolumbus
leben wir ständig in Gefahr,
Amerika zuzudecken.

Auf jedem Jahrhundert
lasten die Träume der Jahrtausende.

Sozialismus bedeutet Zunahme
der guten Widersprüche.

Es genügt oft schon, dreimal sicher vorbeizuschießen, um sich für einen guten Schützen zu halten.

Es gibt mehr Preise, die das Buch ehren, als Bücher, die den Preis ehren.

Die geringste Freiheit herrscht dort, wo eine Unzahl von Gesetzen sie garantieren soll.

Mühelose Selbstverständlichkeiten
durch Gesetze zu regeln heißt,
sie zur mühevollen Arbeit zu machen.

Mit dem Elan der Jugend läßt sich
eine Festung leichter erobern als halten.

Die Kampfregeln des Menschen sind
die Konspiratoren seiner Ziele.

Brandstifter erfinden das Feuer
nur zum Zwecke der Brandstiftung.

Im Kampf mit den Männern
besiegen sich die Frauen gern selbst.

Einer Gesellschaftsordnung,
die Ideale verwirklicht, kommt
das noch größere Verdienst zu,
Ideale zu wecken.

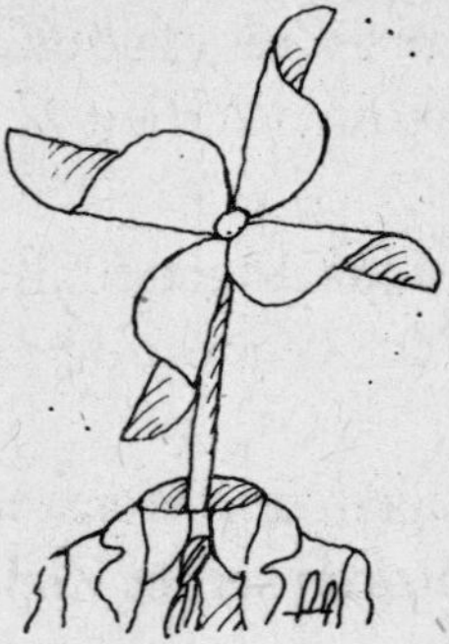

Man kann nicht immer
seiner eigenen Meinung sein.

Nichtschwimmer schwimmen
meistens gegen den Strom.

Wenn jemand von der Krankheit
seiner Zeit befallen ist,
sagt man, er sei modern.

Nur eine dem Schlaf nicht abträgliche
Gegenwart wird die Menschen gut
von der Zukunft träumen lassen.

Wenn das Leben unser Hobby ist,
dann bleibt uns wenig Zeit
zum Briefmarkensammeln.

Das Leben ist viel zu lange zu kurz.

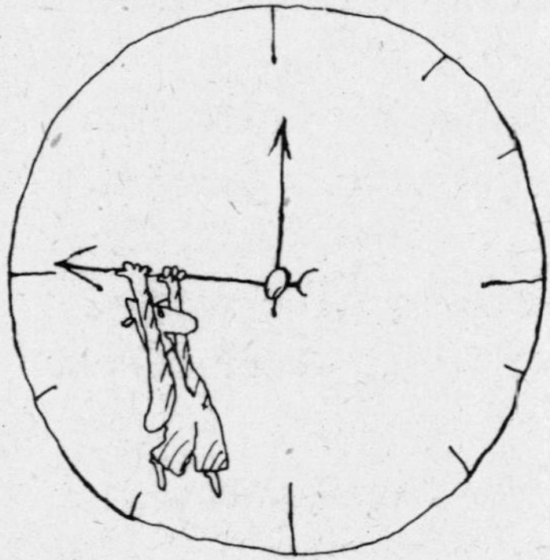

Mit jedem Pedanten
stirbt auch ein Stück Chaos.

Wer wenig Zeit zum Leben hat,
dem bleibt keine zum Sterben.

Es gibt Menschen, die machen
aus jedem Problem ein Problem.

Um vergessen zu können,
braucht man ein gutes Gedächtnis.

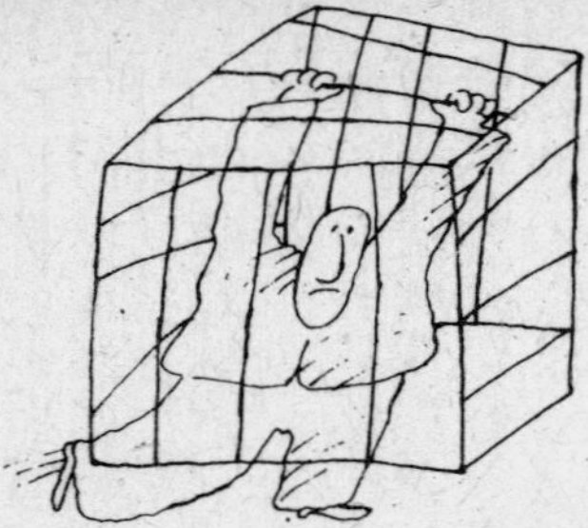

Ein wenig Freiheit mehr oder weniger,
was hat das mit Freiheit zu tun!

Wo ist das Land, in das diejenigen
emigrieren können, die aus ihrer Zeit
fliehen möchten?

Im Kapitalismus kriegt man
für Geld alles, was es gibt –
im Sozialismus alles,
was es nicht gibt.

Einem richtigen Fehler
folgt oft eine falsche Selbstkritik.

Der Witz ist eine Waffe,
die schon wegen ihrer
Selbstschüsse gefährlich ist.

Solange er lebt,
wird er unsterblich bleiben.

Was es für einen Menschen bedeutet,
keinen Humor zu haben,
das bekommen seine Mitmenschen
am meisten zu spüren.

Einen Roman dann zu schreiben,
wenn ein Wort genügt, ist Feigheit.

Heutzutage wird mehr gedruckt
als geschrieben.

Worüber nicht geredet werden darf,
darüber wird sehr laut geschwiegen.

Niemand zählt die Stufen,
die er mühelos ersteigen kann.

Es gibt wenig Frauen, die sich von
der Emanzipation emanzipiert haben.

Es scheint so, daß zuerst den Rentnern
die Arbeit zum ersten Bedürfnis wird.

Sie geht mit der Mode; wo bleibt
da noch Platz für einen Mann?

Die Prinzipienreiterei der Redner
führt zu Sitzbeschwerden der Zuhörer.

Nicht jeder Marx hat
das Glück, nach seinem
Tode mit Engelszungen
reden zu können.

Ein Volk von Eckermännern
gebiert noch keinen Goethe.

Die Familie ist die kleinste
Zelle der Gesellschaft.
Wen wundert es da,
daß nicht alle Insassen
darin Platz finden.

Nur die Frau liebt ihren
Mann, die es wagt,
mit ihm fremdzugehen.

A beweist alles, weil B alles glaubt.

Schicksal ist Unkenntnis
des Menschen über sein Schicksal.

Das Jahrhundert ist das humanere,
in dem man leben kann,
ohne dafür sterben zu müssen.

Die Unfähigkeit eines Gottes
zeigt sich am deutlichsten
in der Fähigkeit seiner Priester.

Des Menschen Kopf ist eine
Denkmaschine, die oft nur
von einer Hilfskraft bedient wird.

Es ist leichter, die Wahrheit zu finden,
solange man sie suchen muß.

Der Sturm vergeht;
die entwurzelten Bäume bleiben.

Das Laster hat sich schon manchen
tugendhaften Menschen geleistet.

Man ertappt sich gern auf frischer Tat,
Schlechtes nicht getan zu haben.

Am meisten vermißt man die Dinge,
die man nie besessen hat.

Die Überrundeten sind der Zeit voraus.

Hundert falsche Wege machen
das richtige Ziel nicht verdächtig.

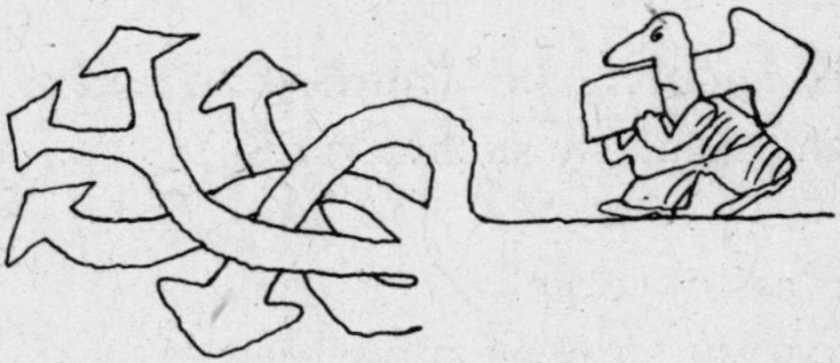

Der Traum der Menschheit träumt
sich immer ein wenig zu leicht
in den Träumereien der Menschen.

Wir vergessen schnell die Taten,
die wir hätten tun müssen.

Jedes Versagen der Feuerwehr
begünstigt den Glauben an die Götter.

Kein Rückgrat zu haben
ist ungesellschaftlich.

Um den Hunger zu stillen, muß man essen; um den Appetit zu befriedigen, muß man zwischen verschiedenen Speisen wählen können.

Junge Greise sehen besonders alt aus.

Beim Beten um gutes Wetter
wird man am unvorbereitetsten
vom schlechten Wetter überrascht.

Man hat den Eindruck,
daß der Elefant oft mit Gewalt
in den Porzellanladen getrieben wird,
um dem Sprichwort recht zu geben.

Es ist die Klugheit seines Jahrhunderts,
die den Menschen hindert,
die Dummheiten der Jahrtausende
ernst zu nehmen.

Männer heiraten aus Liebe,
Frauen mit Liebe.

Wer im Paradies lebt,
kommt nicht in den Genuß,
für das Paradies
zu kämpfen.

Wahre Eifersucht besteht
immer zu Recht, selbst wenn
sie zu Unrecht besteht.

Er machte selbst beim Hören
orthographische Fehler.

Träume haben ihre Geographie,
Träumer ihre Annexionen.

Wenn ein Talent überläuft,
kann es sich leicht verplempern.

Unter den Schriftstellern gibt es Diebe,
die sich selbst bestehlen.

Lobt kein Talent in den Himmel –
es fällt als Genie wieder herunter.

Viele Dinge gibt es nur insofern,
als der Mensch sie leugnet.

Das Nichtwissen wird auf sehr
schreibselige Weise verschwiegen.

Die ersten Fehler machen
wir noch fehlerlos, weil wir
sie noch allein machen.

Das große Thema schluckt
mehrere Talente, ehe es
vom Genie bezwungen wird.

Wo der Glaube versagt,
hilft die Statistik.

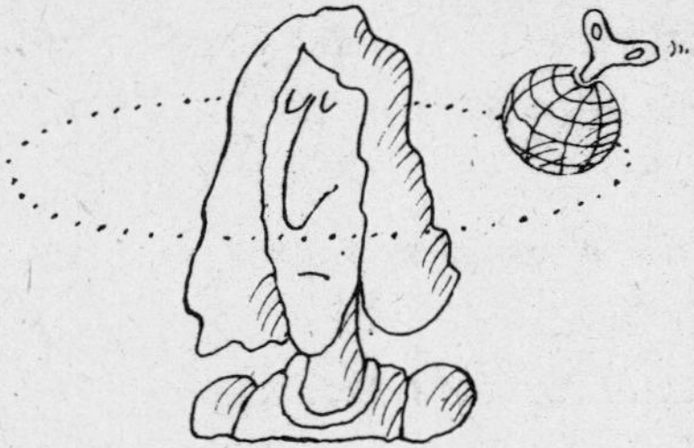

Die übereifrigen Kopernikusse
begnügen sich nicht mit
der Entdeckung des Kopernikus,
daß die Erde sich um die Sonne dreht;
sie möchten der Erde
das Drehen auch noch beibringen.

Wer Gold sucht, findet kein Silber.

Wer staunt, braucht
an keine Wunder zu glauben.

Früher wurden die Menschen alt und grau, heute werden sie grau und alt.

Ein Volk, das gute Politiker hat, braucht keine schlechten Dichter.

Erst wenn dem Menschen
keine Grenzen gesetzt sind,
lernt er seine Grenzen kennen.

Wer seine Rechte nicht wahrnimmt,
verletzt seine Pflichten.

Der natürlichste Tod unserer Zeit
ist der Tod auf der Straße.

Im Alter träumt der Mensch
von den Träumen seiner Jugend.

Zwischen Früherwarallesbesser
und Inzukunftwirdallesbesser
leben die meisten Menschen.

In der Trauer des Hundes,
seinen Herrn verloren zu haben,
steckt schon viel von der Furcht,
einen neuen Herrn finden zu müssen.

Jede Zeit gebiert mehr Träume,
als zu erfüllen sie imstande ist.

Keiner fürchtet sich heute
vor der Pest, aber wie viele
leben davon, uns klarmachen
zu wollen, daß wir vor
dieser Krankheit keine Angst
zu haben brauchen.

Der Mensch stirbt an den Folgen,
deren Ursachen er nicht wahrhaben will.

Man kommt sehr schwer
leicht durchs Leben.

Es gibt Träumer, die davon träumen,
daß ihre Träume nicht erfüllt werden.

Die Wunderwaffe des Philisters
ist der gesunde Menschenverstand.

Wir tun den anderen unrecht,
wenn wir unser Recht nicht durchsetzen.

Man sollte die Menschen nur so viel
lernen lassen, daß ihr Leben ausreichte,
das Gelernte wieder zu vergessen.

Eine Glatze kommt
sich ohne Kamm nicht
ganz so kahl vor.

Frauen können niemals
allein sein; es sei denn,
es ist noch jemand da.

Es gibt Stunden, wo einem
nichts einfällt, aber
es sind Jahre, wo einem
weit weniger einfällt.

Die meisten Übel in der Welt
bestehen mehr darin, daß sie
geduldet als verschuldet werden.

Der Beweis für die Unsterblichkeit
der Seele: die Bürokratenseele.

Sekten sind der Beweis
für die Korruption der reinen Lehre.

Es gibt Zeiten, von deren
Höhe man ruhig springen kann.
Es passiert nichts.
Im Gegenteil. Die Zeit bricht
sich dabei das Genick.

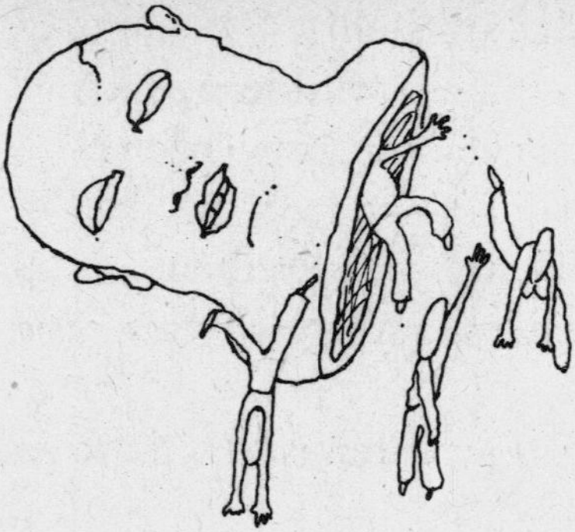

Beim Sturz der Götzen
fallen die Götzendiener am schwersten.

Wenn Gott sich auf die Hühneraugen
tritt, dann wimmern die Priester
vor Schmerzen.

Offene Geheimnisse
kommen selten ans Licht.

Wer sich taub stellt,
sollte sich nicht wundern, auch
für blind gehalten zu werden.

Nicht-Genuß von Freiheit
führt zu Verdauungsschwierigkeiten.

Am betäubendsten ist das Schweigen
der Schwätzer.

Glückspilze sind schwer genießbar.

Ein sauberer Charakter sollte,
um nicht in den Ruf
des Schmutzigseins zu kommen,
sich nicht waschen.

Es gibt Krankheiten, für die man
keine Zeit haben darf,
wenn man gesund bleiben will.

Wenn einem das Glück
auf die Hühneraugen tritt,
dann ist das auch ein Unglück.

Der Rest des Lebens –
das ist oft der längere Teil.

Beim Verkehr mit Schiller
steht man ständig
in Gefahr, von Goethe
schwanger zu werden.

Es gibt keine Spießbürger mehr,
sondern nur noch Spießwerktätige.

Die Ideen müssen vom Kopf
der wenigen auf die Füße
aller gestellt werden.

Wir sterben jeden Tag,
bis wir eines Tages ganz tot sind.

Er siegte von Niederlage zu Niederlage.

Zwei Blinde sehen auch
nicht blinder als einer.

Ein schlechter Jäger zählt die Hasen
vorher, die er hinterher nicht schießt.

Von der Wahrheit zum Irrtum
ist es nur ein Schritt,
vom Irrtum zur Wahrheit
dauert's Jahrtausende.

Wen das Schicksal schlägt, der hat
seinen Buckel hinzuhalten gelernt.

Er war eine Gehaltsstufe höher
arschgekrochen.

Wer im Sozialismus Karriere
macht, schädigt das Ansehen
seines Mitbürgers Karl Marx.

Dem Fortschritt, daß ihre
Altäre nicht mehr aus Stein,
sondern aus Blech und sogar
mobil sind, opfert
die Menschheit heute Tausende
ihrer Artgenossen.

Z. würde einen hervorragenden
Leiter abgeben, wenn die
sozialistische Gesellschaft
das Zeug dazu hätte.

Nachdem er alles für das bequeme
Leben geschaffen zu haben schien,
blieb ihm gerade noch Zeit,
sich in den Sarg zu legen.

Das Paradies ist eine Erfindung
des Teufels.

Die Weisheit von heute erschöpft sich
oft darin, die gestrige mit
einer Gebrauchsanweisung zu versehen.

Genie ist, ein einziges nicht
zu können, wenn man
kein Talent dazu besitzt.

Nur der Künstler hat sich gefunden,
den sein Publikum gesucht hat.

Als er sich vor das Rad der Geschichte warf, blieb er so an ihm hängen, daß man den Eindruck hatte, er drehe es mit.

Der beste Mathematiker muß
Fehler machen, um das Rechnen
nicht zu verlernen.

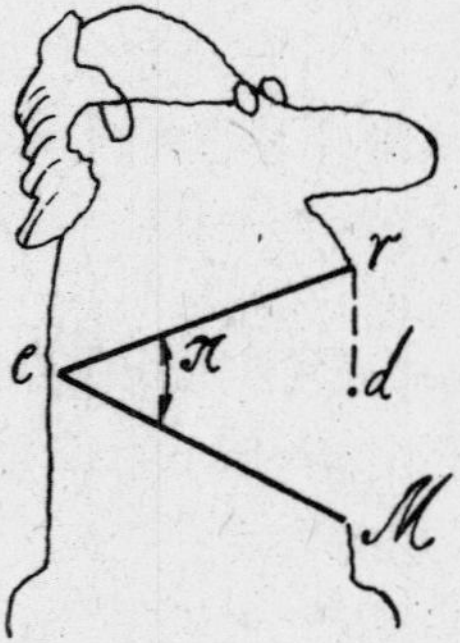

Ohne Kinder wird die Liebe
allzu schnell erwachsen.

Nicht jedem steht jeder Fehler.

Strauchle einmal, das zweite Mal hast du
eine Philosophie des Strauchelns.

Das Paradies ist das Happy-End
einer unglücklichen Menschheit.

Alle Selbstverständlichkeit ist Mythos.

Wenn Nichtschwimmer
ans Schwimmen erinnert werden,
denken sie sogleich ans Ertrinken.

Der Mond wird so lange
den Liebenden gehören,
wie sie ihn nicht besitzen.

C. gehört zu denjenigen
Menschen, die nach dem Tode
große Fähigkeiten erwerben.

Im Spiegel will jeder
so aussehen, wie er
sich sieht, wenn
er sich nicht sieht.

Es gibt Dinge auf der
Welt, die waren schon
immer in Zukunft so.

Tabus müssen im Namen der Sache niedergerissen werden, in deren Namen sie errichtet wurden.

Es werden mehr Ehen auf Kosten der Kinder geschlossen als geschieden.

Der Sex ist ein Rausch, von dem man nur in der Liebe keinen Kater bekommt.

Musik und Lärm der Zeit
verhalten sich proportional zueinander.

Der Zweifelnde
zweifelt an sich selbst zuletzt.

In der Hauptstadt ist die Mode Gesetz,
in der Provinz Dogma.

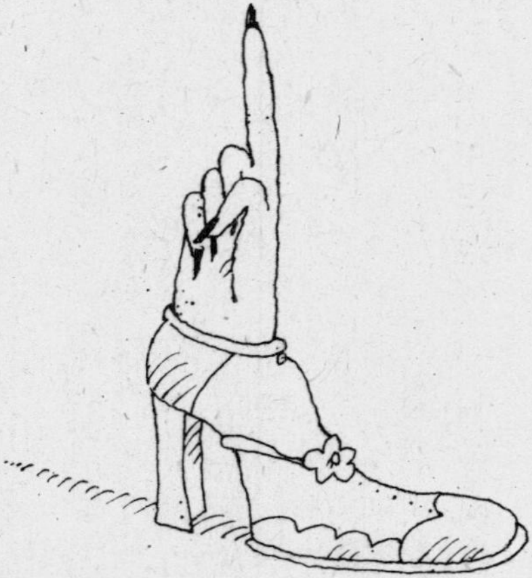

Wenn die Menschen keinen
Zutritt zur Hölle haben, fühlen
sie sich im Himmel eingesperrt.

Im kurzen Gedächtnis der Menschen
sterben die Gehenkten
bald eines natürlichen Todes.

Alle Moral zerbricht daran,
daß sie Ausnahmen denen
gegenüber nicht verhindern kann,
in deren Namen sie gepredigt wird.

Das Unrecht kann weder im Zorn
noch ohne Zorn beseitigt werden.

Ein Volk, das sich keine Spötter
leisten kann, dem werden
seine Götter teuer zu stehn kommen.

Damals! – das ist immer Paradies.

Nachdem sich die Zahl der Autos
stark vermehrt hat, hält man
die vielen Unfälle für Schicksal.

Wir finden es natürlich,
uns unserer Natur zu schämen.

Die Probleme wachsen,
wenn man sie mit Tränen begießt.

Was das Wohnungsamt nicht löst,
wird allzuoft vom Richter gelöst.

Die schlechtesten Schüler
machen oft die besten Fehler.

Klug wird man hinterher,
klüger ist man meistens vorher.

Trinkgelder sind Gradmesser
für die Bedeutung
des Geldes in der Gesellschaft.

Es ist ebenso falsch,
die Ungleichheit der Menschen
zu mißachten, wie ihre Gleichheit
nicht zu begünstigen.

Zum Schreiben gehört auch das Talent,
sich mit Erfolg einzureden,
zu nichts anderem fähig zu sein.

Nachdem der Mensch
das Feuer entdeckt hatte,
traute er sich auch zu,
es zu erfinden.

Der Geist ist machtlos,
wenn die Macht geistlos ist.

Die beste Art, einen Toten
lebendig zu begraben:
Man ehrt ihn mit einem
überlebensgroßen Standbild.

Man verzeiht den andern schlecht
die Fehler, die man selbst gern täte.

Die Menschen schaffen sich Götter,
um vor ihren Mitmenschen auch ein
wenig anbetungswürdig zu erscheinen.

Ein Mensch ohne Phantasie
ist wie ein Tier ohne Instinkt.

Es darf nicht dahin kommen,
daß nur noch auf den Flecken
der Erde, die der Mensch
noch nicht betreten hat,
ein menschliches Klima herrscht.

Wer nicht arbeitet,
soll auch nicht essen;
die meisten fangen
dann an zu trinken.

Als Mensch war er unglücklich,
als Gärtner ein heiteres Wesen.

Er war seiner Zeit
um einige Irrtümer voraus.

Man kann darunter leiden,
das tun zu müssen,
was man gern freiwillig machte.

Allen Leuten recht getan
ist eine Kunst, die viele können.

Aus einem guten Arzt ist schon oft
ein schlechter Patient geworden.

Die besseren Dummköpfe sind
immer noch die, die auf niveauvolle
Dummheiten keinen Wert legen.

Die Praxis ist eine Revolution
gegen die Theorie.

Ein Volk fährt am moralischsten,
wenn es statt vieler
Verbotsschilder wenige
Hinweisschilder zu beachten hat.

Je moderner der Staat,
desto rückständiger seine Tabus.

Die meisten Einfälle hat man,
bevor man sie niederschreibt.

Neue Sitzbeschwerden

Jeder Aphorismus
ist seine eigene Definition.

Die beste Wirklichkeit ist nichts wert,
wenn wir in ihr das Träumen
verlernen müssen.

Die Menschen haben oft dort
kein Herz, wo es eine unerläßliche
Voraussetzung für das Leben ist.

Der Frieden ist heute
ein aggressives Wort geworden.

Wir sollten den Glauben an
die Zukunft trotz aller optimistischen
Traktate über sie nicht verlieren.

Es gibt nur eine Moral. Was darüber
hinaus geht, ist halbe Moral.

Mit leerem Kopf spricht man nicht.

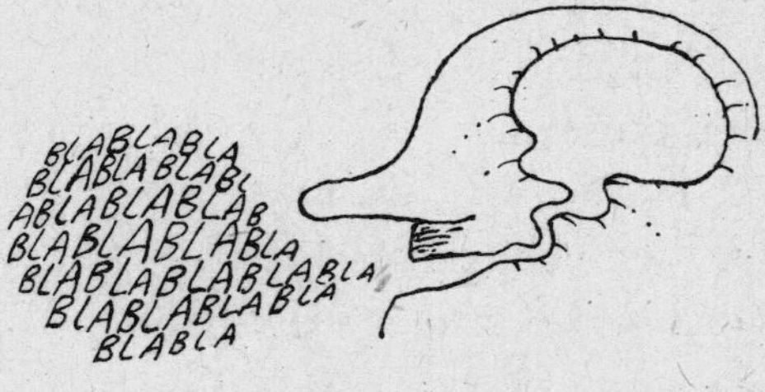

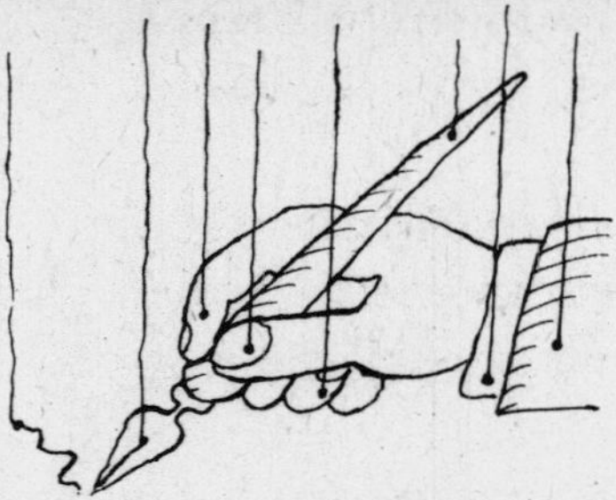

Wer schreiben muß,
sollte sich keinen Zwang antun.

Das Leben bereitet uns viele Mühen,
die wir ihm ersparen könnten.

Verzweifelte sind skrupellos. Sie haben
keine Zweifel an ihren Zweifeln.

Tot oder lebendig. In keinem Fall
kann der Mensch ohne Frieden leben.

Nichterfüllte Träume hecken
Alpträume.

Hüte dich vor denen,
die das Abzeichen für
gutes Gewissen abgelegt haben!

Der Mensch ist verurteilt, den Weg
der Wahrheit auch dann zu gehen,
wenn es ihn noch nicht gibt.

Nur wenige Menschen besitzen
ihr Weltbild im Original.

Die Ideologie denkt in Generationen,
der Mensch lebt nur einmal.

Der Sozialismus entwickelt sich
erfolgreich, wenn es immer
schwieriger wird, für ihn zu sterben.

Der Mensch sammelt oft
mehr Erfahrungen, als ihm
abgenommen werden können.

Ohne Wölfe sind die Schafe
der Willkür der Schäfer ausgeliefert.

Die Ähnlichkeit zwischen Held
und Abenteurer
macht ihren Unterschied aus.

Auch Atheisten geraten
manchmal in Unglaubenskrisen.

Witze sind Ventilatoren, die das Volk
einschaltet, wenn es ausgeschaltet wird.

Es führen so viel Wege zum
Sozialismus, wie verwirklicht werden.

Manche sagen ihre Meinung nur,
weil sie zu schwach sind,
sie zurückzuhalten.

Sei deinen Mitmenschen ab und zu ein
gutes Beispiel! Ihre Rache ist dir gewiß.

Das Unglück schläft nicht.
Darum weckt es nicht.

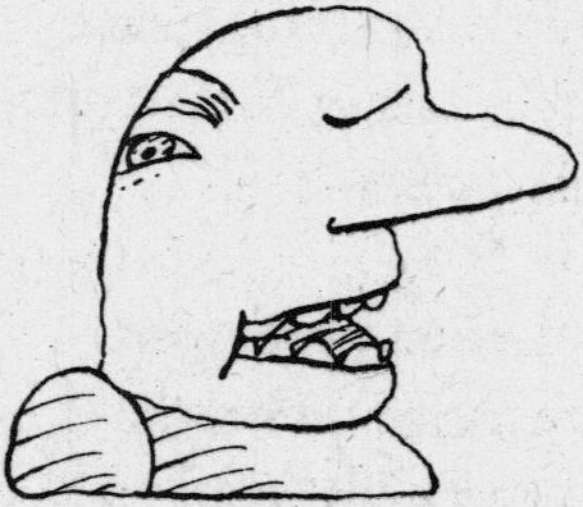

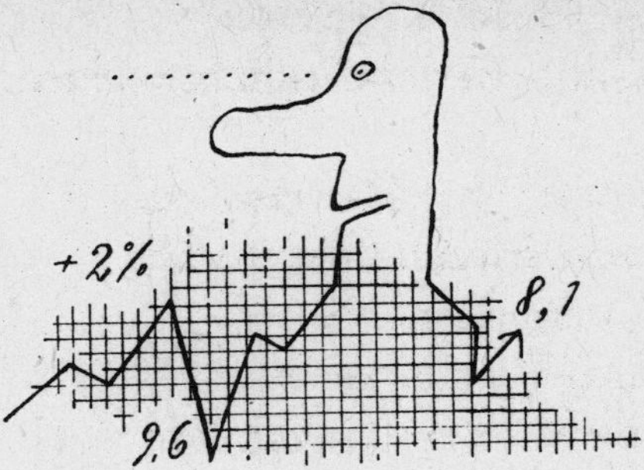

In aufrechter Haltung
erreicht der Mensch mehr Ziele,
als er sich stellen kann.

Der Sozialismus verträgt viel,
aber bei Strafe seiner Entartung
keine Privilegien.

Wie oft im Leben muß man
seinen Zeitgeist aufgeben,
um am Leben zu bleiben?

Wer heilige Kühe schlachtet,
verurteilt ihre Priester zum Hungern.

Humor steckt an. Aber nur die,
die schon von ihm infiziert sind.

Das große Glück ist schwerfällig.
Es geht dem
Unglück nicht aus dem Weg.

Es muß ungelöste Rätsel in
der Welt geben, wenn uns die Welt
nicht zum Rätsel werden soll.

Frag nie nach dem Sinn deines Lebens!
Die Antwort darauf
lauert auf dich an jeder Ecke.

Es ist vom menschlichen Klima
abhängig, wie nackt die Wahrheit
sich sehen lassen kann.

Er schlug seine Zeit tot.
Dabei verletzte er auch einige
seiner Mitmenschen.

Den Kampf gegen die Dummheit
könnten vielleicht nur
die Dummen gewinnen.
Leider haben sie andere Ziele.

Seht den Wind,
wenn ihr keinen Sturm ernten wollt!

Außer den Packeseln
hat jeder sein Päckchen zu tragen.

Man kann seine Jugend
in jedem Alter verspielen.

Gründe zur Scheidung hat jeder,
Grund die wenigsten.

Sie waren schon seit zwanzig
Jahren aus Angst vor der Liebe
glücklich verheiratet.

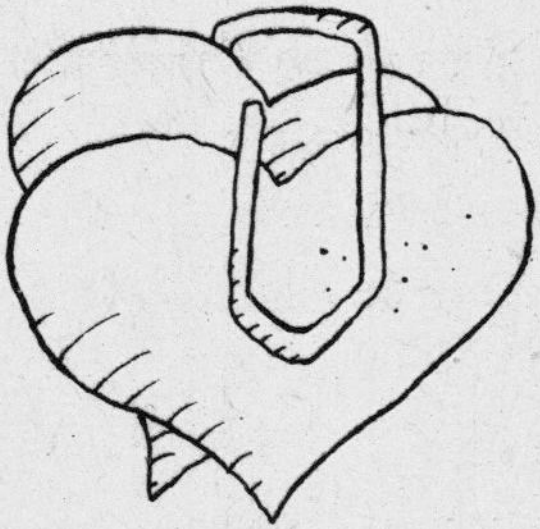

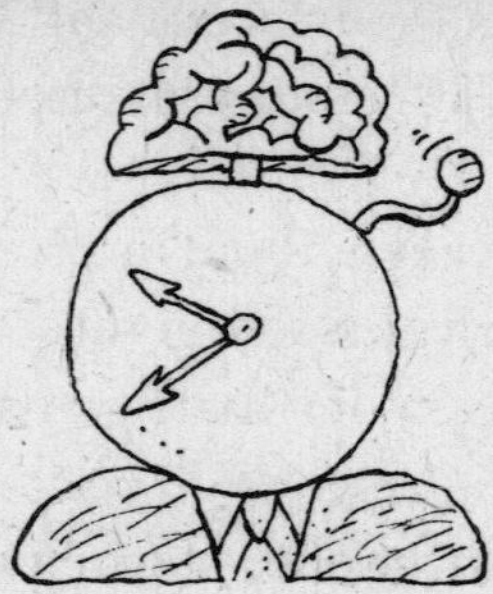

Viele erreicht der Zug des Fortschritts
nie. Sie verspäten sich immer.

Auch Goethe war
nicht frei von den Irrtümern der ihm
nachfolgenden Jahrhunderte.

Kopernikus ist tot.
Seine Idee lebt und wird
eines Tages das kopernikanische
Weltbild stürzen helfen.

Marx hat Hegel vom Kopf auf die
Füße gestellt. Da steht er heute noch.

Wir haben vergessen, daß an unserem
modernen Weltbild schon
der erste Mensch der Erde gemalt hat.

Schlechte Schriftsteller sterben nur,
um wieder aufzuerstehen.

Auch Bürokraten haben
ein Berufsethos. Sie sind gegen
den Bürokratismus.

Die meisten Menschen legen
ihre Vorurteile so ab,
daß sie sie jederzeit wiederfinden.

Eine schlechte Tat kann durch eine
gute Ausrede übel zugerichtet werden.

Auch Schriftsteller haben keine Zeit.
Oft kommen sie nicht dazu, ihre
ungeschriebenen Werke zu verfassen.

Nur wenige bringen den Mut und
die Kraft auf, den Abstieg vom
erklommenen Gipfel zu erreichen.

Wer wie der Mensch vom Tier
abstammt, kann schon manchmal
zum Schwein werden.

Sein Gebiß war vollständig.
Er besaß noch alle
zweiunddreißig Zahnschmerzen.

Am ehesten sind vielleicht noch
die Blinden bereit,
der Wahrheit ins Auge
zu blicken.

Zur Muße hatte er keine Zeit.
So blieb ihm viel Zeit, gar nichts zu tun.

Er bereute seine Fehler immer im voraus. Hinterher hatte er nur noch die Mühe, die erledigten abzustreichen.

Gott ist tot. Ab und zu
auferstehte er, damit
die Menschen das nicht vergessen.

In kalten Zeiten frieren sogar
die heißen Eisen.

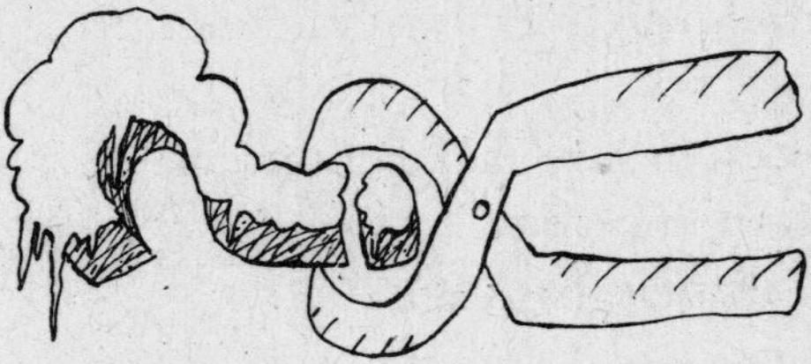

Pechvögel sind zu keiner Zeit
vom Aussterben bedroht.

Die Scheiterhaufen des Mittelalters
sind nicht abgeschafft. Sie sind nur
aus der Mode gekommen.

Es ist leicht, Luftschlösser zu bauen;
schwierig ist es, sie wieder abzureißen.

Der Tourismus greift um sich.
Immer mehr Menschen
können es sich leisten,
auf die krumme Tour zu reisen.

Er kannte seine Irrtümer.
Sie gingen täglich bei ihm ein und aus.

Der Mensch hat schon immer die
Umwelt verschmutzt. Nur heute macht
er es besonders gewissenhaft.

Wie rein ist ein mit allen Wassern
gewaschener Charakter?

Wozu ein hartes Herz haben?
Es genügt oft schon, keines zu haben.

Fortschritt: Die Menschen
leiden in zunehmendem Maße an
Zivilisationsgesundheiten.

Es sind die guten Straßen,
die uns daran hindern,
den Weg zu uns selbst zu finden.

Nicht jeder stirbt unschuldig
im Kampf mit sich selbst.

Der Unglaube ist die Fortsetzung
des Glaubens an andere Götter.

Am Leben zu hängen ist eine
der unbequemsten Lebenslagen.

Zum Schweigen fehlten ihm
immer die richtigen Worte.

Bei einem Mangel an Heiligen
kommt es schnell zu einem Überfluß
an Scheinheiligen.

Schon an seinem ersten Todestag
stellte sich die Unechtheit
seiner Unsterblichkeit heraus.

Wen die Wahrheit gefunden hat,
der sucht sie noch lange nicht.

Aus Liebe zum Tier schafft sich
kein Floh einen Hund an.

Heute kann sich jeder, der gelernt hat,
daß zwei mal zwei vier ist,
vorstellen, daß die Erde eines Tages
untergehen wird. Früher
gehörte etwas mehr Wissen dazu.

Der Mensch ist die Kette
seines inneren Schweinehundes.

Nur heile Seelen können
sich Gewissensbisse leisten.

Die Deutschen sind
das Fragezeichen in der Interpunktion
der Menschheitsgeschichte.

Ein vollkommenes Fragment.
Das Größte, was ein Künstler
erreichen kann.

Siege bekommt man manchmal geschenkt. Niederlagen muß man sich in jedem Falle erkämpfen.

Heilige Kühe sind im Sozialismus eine weitverbreitete Seltenheit.

Wenn sich das Gewissen meldet, dann sind viele nicht zu Hause.

Wer den Tod nicht sieht,
ist blind für das Leben.

Heute haben die Menschen
nur noch nachts Zeit zu träumen.
Aber dann schlafen sie meist.

Der Mensch braucht mehr Liebe,
als er sich leisten kann.

Wir müssen im Leben viele Nachteile
in Kauf nehmen,
die wir nicht geschenkt haben wollen.

Manche Ehe wird so geschlossen,
daß die Liebe keinen Zutritt hat.

Man muß gestern schon die Mode
von morgen tragen,
um heute nicht unmodern
zu erscheinen.

Du sollst nicht autoritöten!

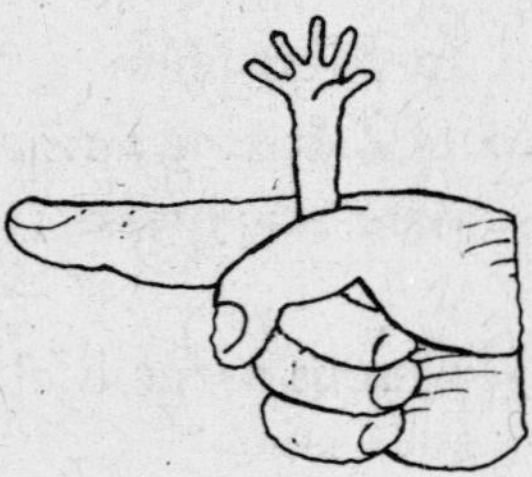

Je mehr Anlässe einer findet,
um zu trinken, desto weniger Gründe
braucht er dafür.

Du liegst falsch,
wenn du nicht aufrecht gehst.

Sein Charakter wies zahlreiche
Narben von Ratschlägen auf.

Stirbt der Mensch im Frieden
in Frieden?

Nicht jeder kann aus seinen Fehlern
lernen. Den meisten
fehlen dafür die geeigneten.

Auch der beste Sozialismus
endet einmal. Im Kommunismus.

Manche Philosophen haben Marx
nur interpretiert. Es kommt
darauf an, ihn zu verstehen.

Urteilt nicht abschätzig über
die Freiheit der Liebe.
Es gibt viele Kinder, die kommen
mit dem nackten Leben davon.

Auf dem Standesamt schworen sie
sich die Treue.
Ein ganzes Leben lang hätten sie
Zeit gehabt, sich das zu beweisen.

Heute gibt es so viele Linke,
daß ein Marx nicht ausreichte, um sie
beim rechten Namen zu nennen.

Je weiter sich der Mensch
vom Tier entfernt, desto
größer wird seine Verantwortung
für die Menschwerdung.

Ein Marx macht
noch keinen Sozialismus.

Den Mantel nach dem Wind hängen
die Menschen, wenn die
Gesellschaft einen Haken hat.

Ins Gewissen reden uns oft
die schweigsamsten Menschen.

Die perfekteste Fälscherin
der Geschichte ist die Wirklichkeit.

Manche Menschen benötigen
Jahrhunderte, um sich
in ihrem Leben zurechtzufinden.

Brot ist das Stück Freiheit,
das der Mensch braucht,
um für die Freiheit zu kämpfen.

Er war mit dem Tod davongekommen.
Es hätte schlimmer ausgehen können.

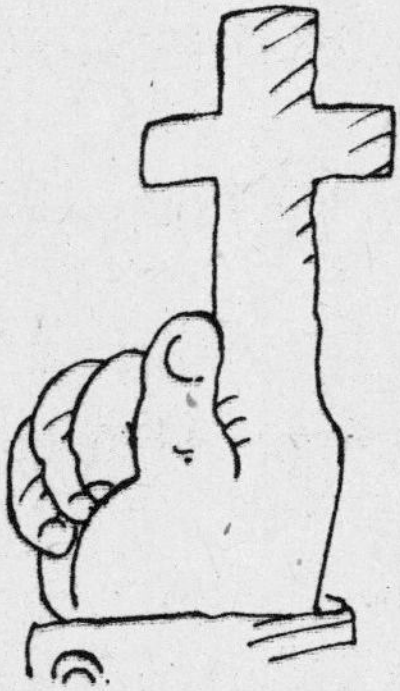

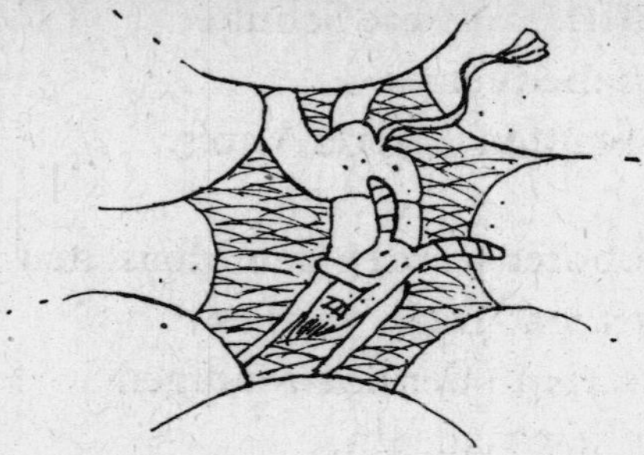

Mit der Abschaffung der Hölle
verschwindet auch
immer ein Stückchen Himmel.

Alle lieben die Wahrheit –
bis auf die, die sie sagen müssen.

Nicht alles, was sich geändert hat,
ist anders geworden.

Der erste Atheist ist Gott gewesen.

Je moderner unsere Schuhe,
desto unbequemer
die Fußtapfen unserer Väter.

Die Roboter werden den Menschen
nie ersetzen. Dazu wird es
ihnen stets an der notwendigen
Dummheit mangeln.

Wer sein Herz verliert,
sollte sich nicht wundern, daß darauf
herumgetrampelt wird.

Die Zeit ist kostbar,
auch wenn sie noch so teuer ist.

Trotz allen Fortschritts!
Der sicherste Weg in den Tod
ist bis heute das Leben geblieben.

Die Faulheit mancher Leute
stinkt gen Sozialismus.

Selbst Atheisten
müssen eines Tages daran glauben.

Es ist nicht schwer, in Dürrezeiten
das Gras wachsen zu hören.

Das moderne Leben hat uns die
schlaflosen Nächte am Tage beschert.

Es ist das Schicksal vieler Menschen,
daß sie keins haben.

Der Mensch kann, wenn er
reif geworden ist,
sogar von sich selbst abfallen.

Ruhe ist die erste Bürgerpflicht,
Unruhe das erste Bürgerrecht.

Man muß das Herz auf dem rechten Fleck haben. Besonders wenn man links steht.

Der Analphabetismus macht Fortschritte. Die heutigen Analphabeten sind ausgezeichnete Kenner des Lesens und Schreibens.

Unter seiner Maske trägt der Mensch
viele Gesichter.

Männer haben Gefühle, Frauen Gefühl.

Träume werden selten
von Träumern verwirklicht.

Sich gesundzustoßen, ohne andere
dabei zu verletzen, ist unmöglich.

Früher war alles besser
Heute ißt alles besser.

Ein Nachteil schöner Frauen ist oft,
daß sie nur so lange schön sind,
wie sie schön aussehen.

Wenn seine Frau Migräne hat,
schwänzt
der Kleinbürger die Revolution.

Er führte sein Hundeleben
regelmäßig in die Kneipe.

Das Glück ist zuweilen brutal.
Es trifft manchmal die Unschuldigen.

Verlaß dich nie auf deine Freunde!
Es sei denn, du hast keine Feinde.

Wer sich in das Feuer der Liebe stürzt,
kommt nicht unversehrt wieder heraus.

Paradiese werden seit Jahrhunderten auf die gleiche Art gebaut: ohne Eingang, aber mit vielen Ausgängen.

Grenzen haben so lange ihre Berechtigung, wie sie uns neugierig machen, sie zu überschreiten.

Früher war die Zeit ein Teil
der Ewigkeit,
heute ist die Ewigkeit ein Stück Zeit.

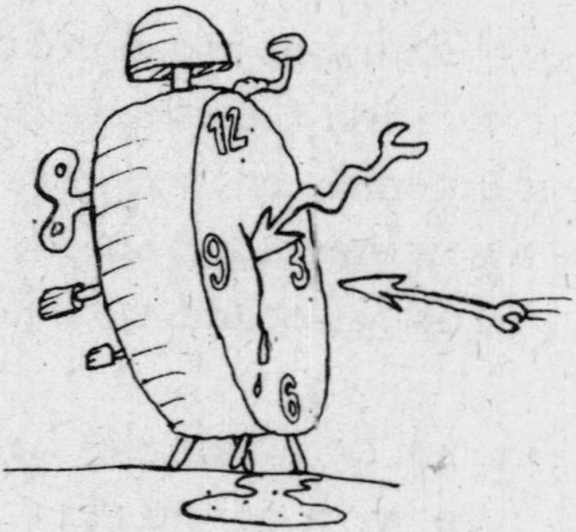

Er lebte in der Vergangenheit:
zwölftes Geschoß, rechts,
schräg gegenüber vom Fahrstuhl.

Die Deutschen haben ein zwielichtiges
Verhältnis zu ihrer Geschichte.
Es gelingt ihnen selten, so viel Abstand
von ihr zu gewinnen, um sie so,
wie sie verläuft, stattfinden zu lassen.

Die Frage nach dem Sinn des Lebens
ist alt, die Antwort darauf älter.

Immer wenn er blind für die Wahrheit
war, sah er ihr gebannt ins Auge.

Nur die allseitige Entwicklung
und Entfaltung der Widersprüche
des Sozialismus verhindert
Widersprüche im Sozialismus.

Wer große Worte verliert,
der findet sie auch.

Einem, der ständig wie ein
Kommunist redet, bleibt kaum Zeit,
wie ein Kommunist zu handeln.

Man kann sich für die Fehler,
die man nicht macht,
nicht oft genug begeistern.

Frauen tragen Schmuck, Männer Orden.

In Deutschland haben
die Lokomotiven der Geschichte
nie einen großen Bahnhof gehabt.

Er gehörte zu denjenigen,
die aus der Geschichte immer
die richtige Leere ziehen.

Ein großer Fehler
gibt den vielen kleinen die Chance,
in den Rang unserer Verdienste
aufzusteigen.

Mit unseren Vorzügen leben
zu dürfen bedeutet nicht, von unseren
Fehlern geschieden zu sein.

Wir haben den Tod aus
unserem Leben verbannt. Er erscheint
uns nicht mehr lebenswert.

Es ist manchmal schwieriger,
den Klassenfeind in sich
als auf der Barrikade zu besiegen.

Man kann im Sozialismus zwar
noch Glück, aber im Kommunismus
nicht mehr Schwein haben.

Lorbeer ernten die Künstler,
säen muß ihn das Volk.

Man komme den Menschen
nicht mit Gott, wenn sie keine
Zahnschmerzen haben.

Keine Nerven zu haben kostet Nerven.

Nach Lichtenberg Aphorismen
zu schreiben würde selbst
Lichtenberg schwerfallen.

Wo kein Unkraut wächst,
da gedeiht auch kein Weizen.

Läßt sich das Paradies nur mit
den Methoden der Hölle errichten?

Sie kann einem leid tun, die Wahrheit,
wenn sie in die Hände
derjenigen gerät, die sie besitzen.

Zwei Orden gewährleisten oft schon,
daß sich der Ausgezeichnete
die Absätze gleichmäßig schief läuft.

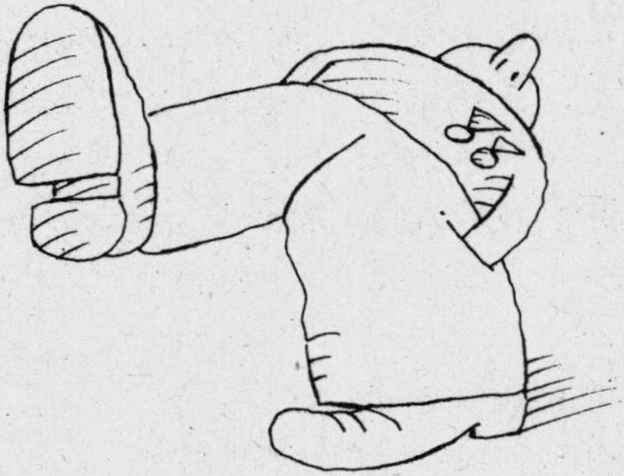

Der eine macht Erfahrungen,
der andere sammelt sie.

Hinter jedem Mut zum Leben
lauert ein Körnchen Verzweiflung.

Die Gott leugnen, kennen ihn besser
als diejenigen, die ihn anbeten.

Beim Vergleich mit sich selbst kommt
der Mensch am schlechtesten weg.

Der Kampf für die Freiheit muß letztlich Früchte bringen, die auch ihren Gegnern bekömmlich sind.

Für die Götzendiener ist die Tatsache, daß Marx kein Gott ist, eine Gotteslästerung.

Allein hält der Mensch das Leben zu zweit nicht lange aus.

Der Mensch stirbt letztlich an etwas,
wenn er nicht rechtzeitig für etwas stirbt.

Der Schuh weiß am besten,
wo ihn der Fuß drückt.

Die reinen Zufälle
sind oft unsaubere Gesellen.

Ein Mangel unserer modernen
Wohnbauten ist, daß sie
keine Zugänge zu uns selbst enthalten.

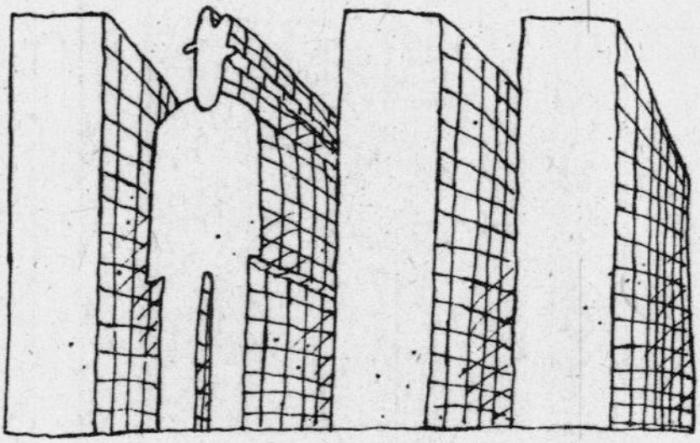

Bürokraten wird es in jeder Zeit geben,
aber in einer bürokratischen Gesellschaft
werden auch sie mißgestaltet.

Wären sich die Menschen
so feind wie Katz und Hund,
es ginge friedlich zu auf der Welt.

Nachdem Gott tot ist, sind auch
die Menschen nicht mehr unsterblich.

Die Frauen lieben sogar ihre ärgsten Feinde, wenn sie sich in ihnen spiegeln können.

Viele Menschen braucht man gar nicht erst kennenzulernen, um sich eines Tages an sie erinnern zu können.

Auch das Buch leidet heute oft an Dickleibigkeit.

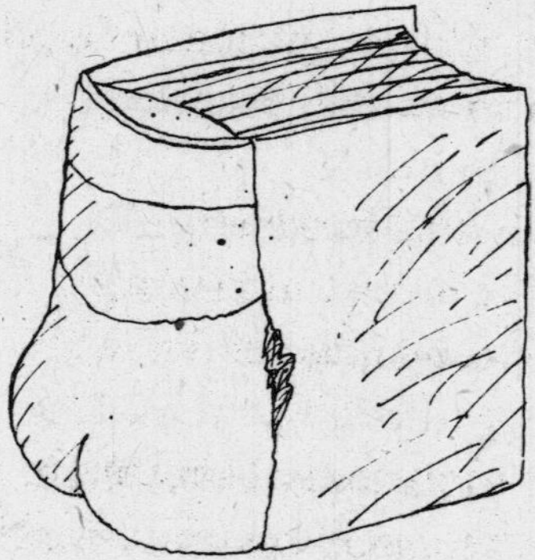

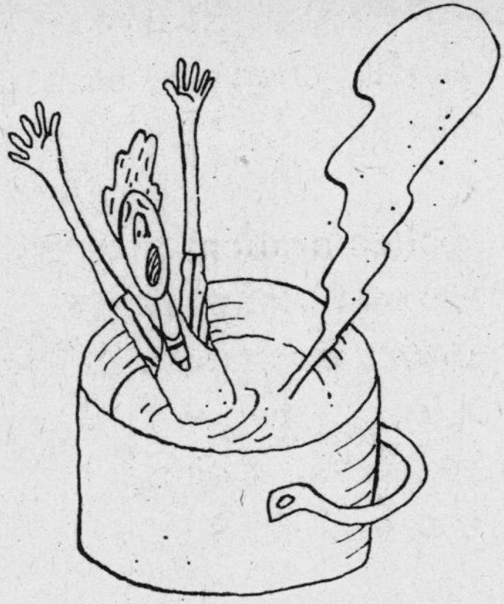

Wenn der Frau eines Kleinbürgers
die Suppe anbrennt,
bekommt sie Selbstmordgedanken.

Gegen die Gesundheit
gibt es kein Allheilmittel. Dennoch
ist der Mensch in der Lage,
sie in achtzig Jahren zu ruinieren.

Die Flucht in die Wirklichkeit
ist oft eine Flucht aus der Wirklichkeit.

Sei kein Schwätzer! Verrate nichts von dem, was die Menschen über dich wissen.

Große Geister sind wie Sterne.
Sie beginnen zu leuchten,
wenn sie untergegangen sind.

Die Gunst der Zeit ist oft das
schlechteste Kapitel der Kunst der Zeit.

Man schreibt am besten für
diejenigen, die einen nicht lesen.

Die Kunst muß wahrer
als das Leben sein, wenn das Leben
wahrer als die Kunst werden soll.

Der erste Epigone des Genies
ist immer das Genie selbst.

Das Rote
vom Sozialismus herunterlügen.

Seitdem er nicht mehr betet,
schmeckt ihm der Entenbraten wieder.

Nicht überall, wo Tellerwäscher
Präsidenten werden können,
ist Amerika.

Die Todesstrafe läßt keinen Zweifel
an der Abstammung
des Menschen vom Menschen.

Kommunismus, das ist
die Abschaffung der Ausbeutung
der Natur durch den Sozialismus.

In einer teuren Wohnung lebt
oft ein billiger Standpunkt.

Das Vergängliche an der Zeit
sind ihre Ewigkeiten.

Niederlagen sind heilsam,
solange sie nicht zum Sieg führen.

Faß dich kurz,
wenn du lange gelesen werden willst.

Wer schneller ist als seine Zeit,
wird ihr bald voraushinken.

Niemand ist so vollkommen,
daß er mit allen Mängeln
behaftete Fehler machen könnte.

Wenn man etwas gesteht, bevor
die Sonne es an den Tag gebracht hat,
bleibt es am verborgensten.

Er nahm sich das Leben –
so wie er es brauchte.

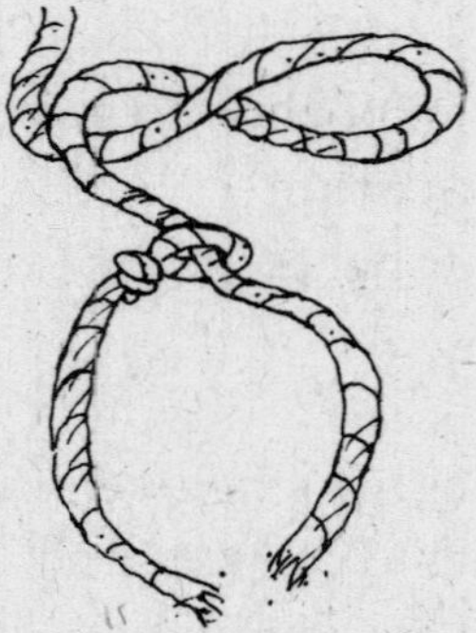

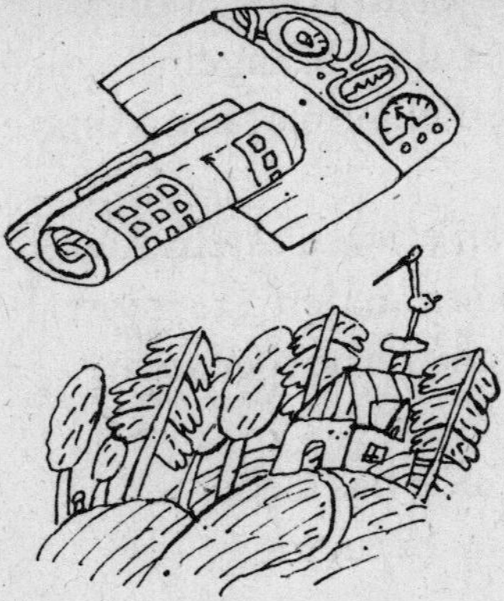

Die Menschen pochen so sehr
auf den Fortschritt,
daß die Natur dabei
kaputtgeht.

Man kann heute nicht zweimal
in den gleichen Fluß steigen,
ohne sich zu beschmutzen.

Die Freiheit ist ein Prozeß,
der oft zu ihren Ungunsten ausgeht.

Wir leben alle auf einer Erde,
aber auf verschiedenen Sternen.

Es genügt nicht,
daß es in einer Gesellschaftsordnung
Widersprüche gibt. Sie müssen
sich in ihr auch wohl fühlen.

Die Ebenen des Sozialismus wollen
errungenschuftet sein.

Der Dreck der Zeit haftet
an jeder reinen Weste.

Irren ist menschlich.
Geirrt zu haben oft unmenschlich.

Nicht jeder Standpunkt,
der bezogen ist, ist schlüsselfertig.

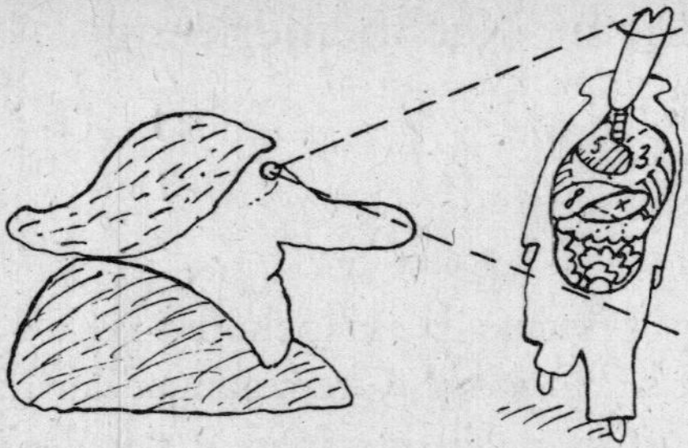

Der Kranke teilt die Menschen
in gesunde und kranke Patienten ein.

Unabhängig davon, ob Gott die Welt
erschaffen hat oder nicht;
ein zweites Mal wird er es nicht tun.

Wie groß nehmen sich unsere
Denkmäler gegen die Winzigkeit
der Erde aus,
die sie im Weltall darstellt.

Eine kleine Nachbemerkung

Der Aphorismus ist ein lockerer Geselle, versteht er sich doch als Grenzgänger der Literatur. Er hüpft mal in der einen, mal in der anderen Richtung über die Grenze, die zwischen Literatur einerseits und Philosophie, Ethik, Politik etc. andererseits gezogen ist, um sich von beiden Seiten zu holen, was seines Gesetzes ist. Und eben das ist es auch, was ihn von der einen wie von der anderen Seite unterscheidet. Von der Philosophie etc., indem er nicht im Zusammenhang, sondern apart darstellt; ihn interessiert nicht das ganze Netz, sondern ein bestimmter Knoten. Und von der Literatur untescheidet er sich darin, daß er nicht in Handlungen oder Gestalten übersetzt, sondern das, was er sagen will, direkt sagt. Soviel sich der Aphorismus aber von beiden Seiten unterscheidet, soviel hat er auch von beiden Seiten an sich: Von der einen die bildhafte, anschauliche Sprache, den sinnfälligen Ausdruck – und von der anderen die übergreifende gedankliche Konzeption. Nur wenn die einzelnen Aphorismen eines Autors geeignet sind, sich zu einem konzeptionellen Ganzen zu fügen, wenn sie sich in ihrer Summe zu einer ethischen, philosophischen etc. Weltanschauung schließen, entsprechen sie dem eigenen Gesetz des Aphorismus. Jeder Aphorismus hat mithin eine spezielle und (mit den übrigen zusammengenommen) eine allgemeinere Aussage zu erbringen.

An dieser Elle gemessen, erweist sich manches, was uns, selbst von den Klassikern des Aphorismus, geboten wird, lediglich als Bonmot, als nur sinnfälliger, witziger Ausspruch. Und vieles, was unser Autor bietet, erweist sich als echter Aphorismus. Ehrenforth ist Moralist, und die moralischen Ansprüche, die er erhebt, sind nur in einer sozialistischen Gesellschaft sinnvoll, weil nur in ihr tendenziell erfüllbar (was zugleich eine allgemeine Aussage über diese Gesellschaft ist). Das ist es, was die Mehrheit der Aphorismen dieses Büchleins konzeptionell, will heißen: zu echten Aphorismen macht, was die Konzeption des Autors und mithin seine Position erkennbar macht.

Natürlich hat der Autor von Aphorismen außer der generellen Konzeption auch seine spezielle Technik. Die von Ehrenforth hauptsächlich angewandte Technik ist die der Umkehrung des landläufigen Sinnes von Worten, Wendungen, Denkweisen und dergleichen, um auf ihren Unsinn oder auf einen anderen Sinn aufmerksam zu machen. Dieses dem Paradoxon verpflichtete Verfahren hat seine Tücken, es wird leicht zum Schema und wirkt dann eher gewollt als gekonnt. Wo es aber die Sache faßt, hat dieses Verfahren gleich zwei Vorzüge. Zum einen verlangt es dem Leser eine geistige Anstrengung ab: er muß gegen das Geläufige, also gegenläufig denken. Und zum anderen bewirkt es eine Provokation: da ein Aphorismus in seiner Kürze nur die Weiche für die Gegenläufigkeit eines Gedankens stellen kann, ist der Leser aufgefordert, selbst den Gang des Gedankens zu Ende zu gehen. Und das ist mehr als nur ein Nachdenken. Und das ist genug, um dieses Büchlein mit Gewinn zu lesen.

Gerhard Branster

APHOR